school - mokykla	2
travel - kelionė	5
transport - transportas	8
city - miestas	10
landscape - kraštovaizdis	14
restaurant - restoranas	17
supermarket - prekybos centras	20
drinks - gėrimai	22
food - maistas	23
farm - ūkininko ūkis	27
house - namas	31
living room - svetainė	33
kitchen - virtuvė	35
bathroom - vonios kambarys	38
kids room - vaiko kambarys	42
clothing - drabužis	44
office - biuras	49
economy - ekonomika	51
occupations - profesijos	53
tools - įrankiai	56
musical instruments - muzikos instrumentai	57
zoo - zoologijos sodas	59
sports - sportas	62
activities - užsiėmimai	63
family - šeima	67
body - kūnas	68
hospital - ligoninė	72
emergency - nelaimingas atsitikimas	76
earth - Žemė	77
clock - laikrodis	79
week - savaitė	80
year - metai	81
shapes - formos	83
colors - spalvos	84
opposites - priešingos reikšmės žodžiai	85
numbers - skaičiai	88
languages - kalbos	90
who / what / how - kas / ką / kaip	91
where - kur	92

Impressum
Verlag: BABADADA GmbH, Nedderfeld 112 , 22529 Hamburg
Geschäftsführer / Verlagsleitung: Harald Hof
Druck: Books on Demand GmbH, In de Tarpen 42, 22848 Norderstedt

Imprint
Publisher: BABADADA GmbH, Nedderfeld 112 , 22529 Hamburg, Germany
Managing Director / Publishing direction: Harald Hof
Print: Books on Demand GmbH, In de Tarpen 42, 22848 Norderstedt

school
mokykla

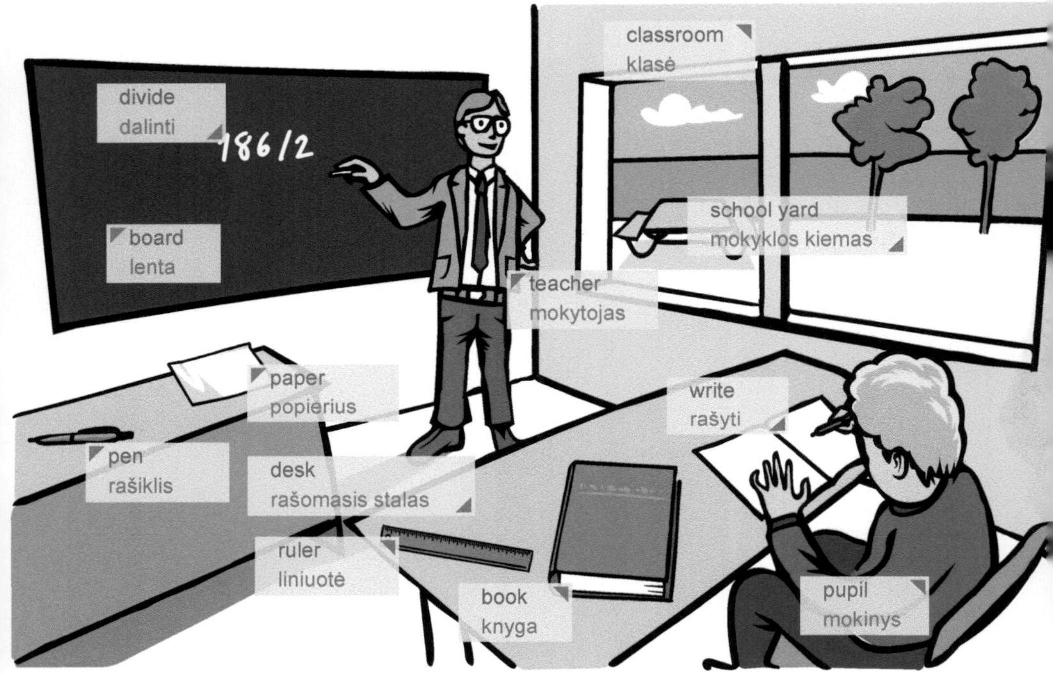

classroom
klasė
divide
dalinti
186/2
board
lenta
school yard
mokyklos kiemas
teacher
mokytojas
paper
popierius
write
rašyti
pen
rašiklis
desk
rašomasis stalas
ruler
liniuotė
book
knyga
pupil
mokinys

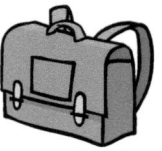

satchel

kuprinė

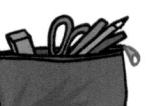

pencil case

penalas

pencil

pieštukas

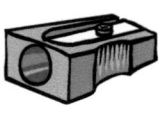

pencil sharpener

drožtukas

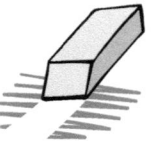

rubber

trintukas

drawing pad

piešimo bloknotas

drawing
piešinys

paintbrush
teptukas

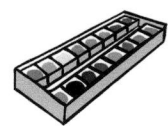

paint box
dažų dėžutė

scissors
žirklės

glue
klijai

exercise book
vadovėlis

homework
namų darbai

number
numeris

add
pridėti

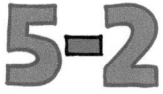

subtract
atimti

multiply
dauginti

calculate
skaičiuoti

letter
raidė

alphabet
abėcėlė

word
žodis

text

tekstas

read

skaityti

chalk

kreida

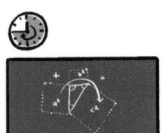

lesson

pamoka

register

dienynas

examination

egzaminas

certificate

pažymėjimas

school uniform

mokyklinė uniforma

education

išsilavinimas

encyclopedia

enciklopedija

university

universitetas

microscope

mikroskopas

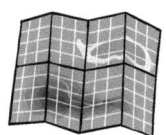

map

žemėlapis

waste-paper basket

šiukšliadėžė

travel
kelionė

hotel
viešbutis
Grand
hostel
svečių namai
ROOMS
currency exchange office
valiutos keitykla
car
mašina

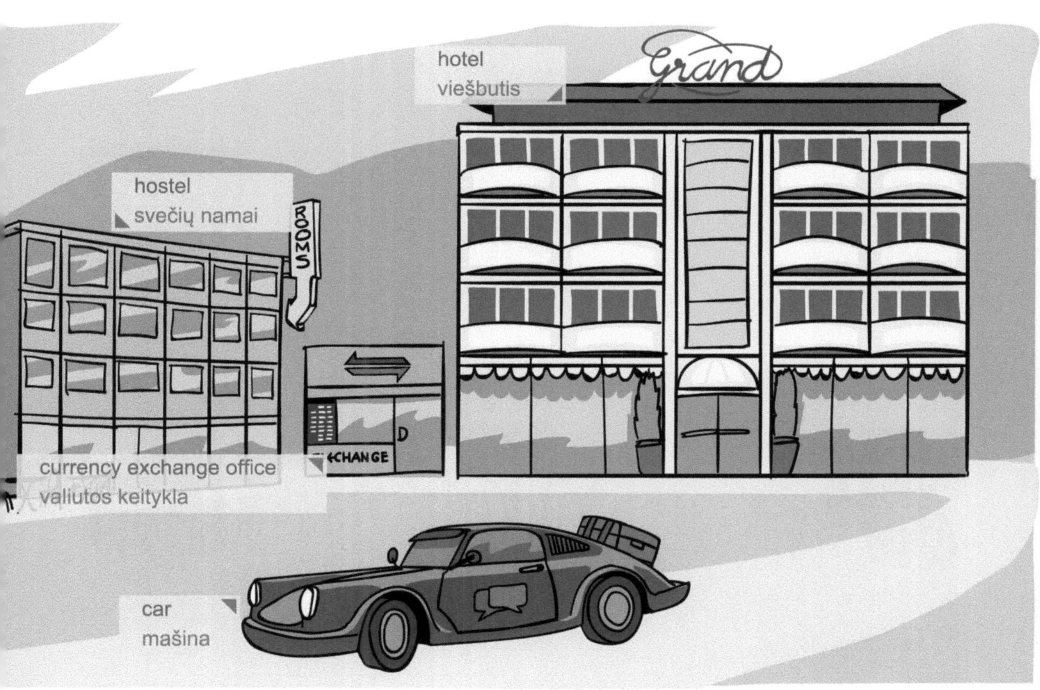

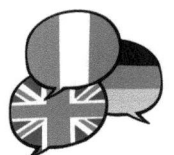

language
kalba

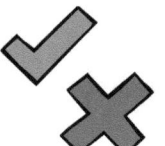

yes / no
taip / ne

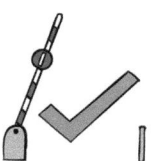

Okay
Gerai

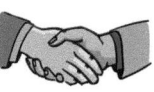

hello
sveiki

translator
vertėjas raštu

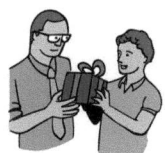

Thank you
Ačiū

how much is...?

kiek kainuoja...?

I don´t get it

aš nesuprantu

problem

problema

Good evening!

Labas vakaras!

Good morning!

Labas rytas!

Good night!

Labos nakties!

goodbye

viso gero

direction

kryptis

luggage

bagažas

bag

krepšys

backpack

kuprinė

guest

svečias

room

kambarys

sleeping bag

miegmaišis

tent

palapinė

tourist information

turizmo informacija

beach

paplūdimys

credit card

kreditinė kortelė

breakfast

pusryčiai

lunch

pietūs

dinner

vakarienė

Ticket

bilietas

elevator

liftas

stamp

pašto ženklas

border

siena

customs

muitinė

embassy

ambasada

visa

viza

passport

pasas

transport
transportas

airplane
lėktuvas

ship
laivas

fire truck
gaisrinė mašina

truck
sunkvežimis

bus
autobusas

motorboat
motorinė valtis

car
mašina

bike
motociklas

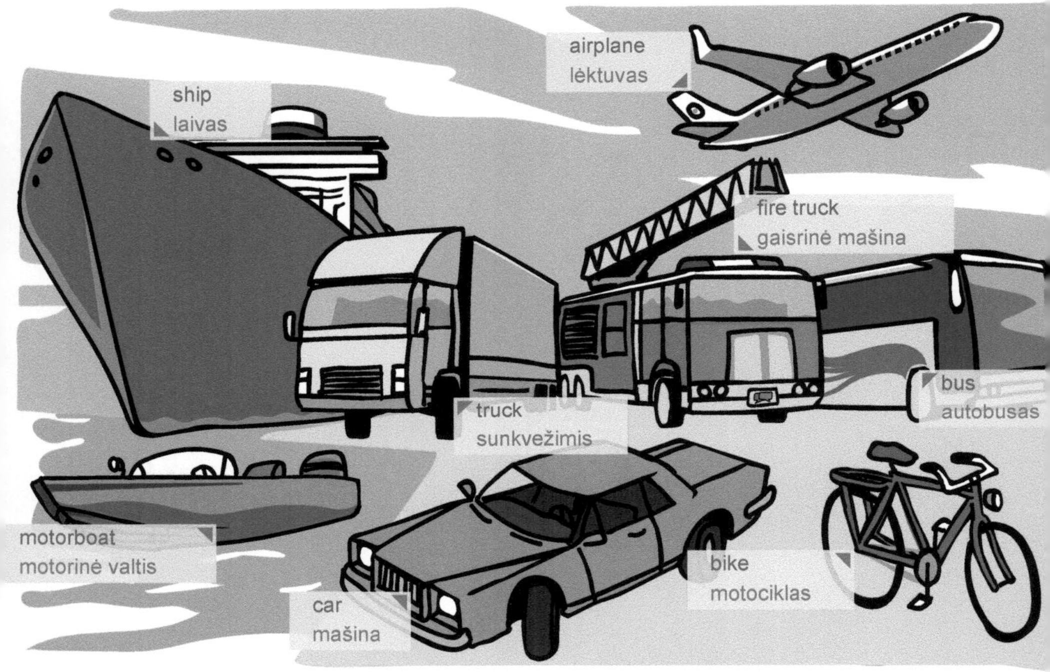

ferry
keltas

boat
valtis

motorbike
mopedas

police car
policijos automobilis

racing car
lenktyninis automobilis

rental car
nuomojamas automobilis

transport - transportas

car sharing

bendras automobilio
naudojimas

tow truck

techninės pagalbos
automobilis

garbage truck

šiukšliavežė

engine

variklis

fuel

degalai

fuel station

degalinė

traffic sign

kelio ženklas

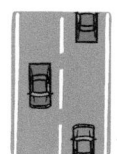

traffic

eismas

traffic jam

eismo spūstis

parking lot

mašinų stovėjimo aikštelė

train station

traukinių stotis

tracks

bėgiai

train

traukinys

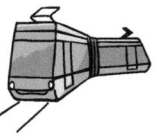

tram

tramvajus

wagon

vagonas

helicopter

sraigtasparnis

airport

oro uostas

tower

bokštas

passenger

keleivis

container

konteineris

carton

dėžė

cart

vežimėlis

basket

krepšys

take off / land

pakilti / nusileisti

city

miestas

village

kaimas

city center

miesto centras

house

namas

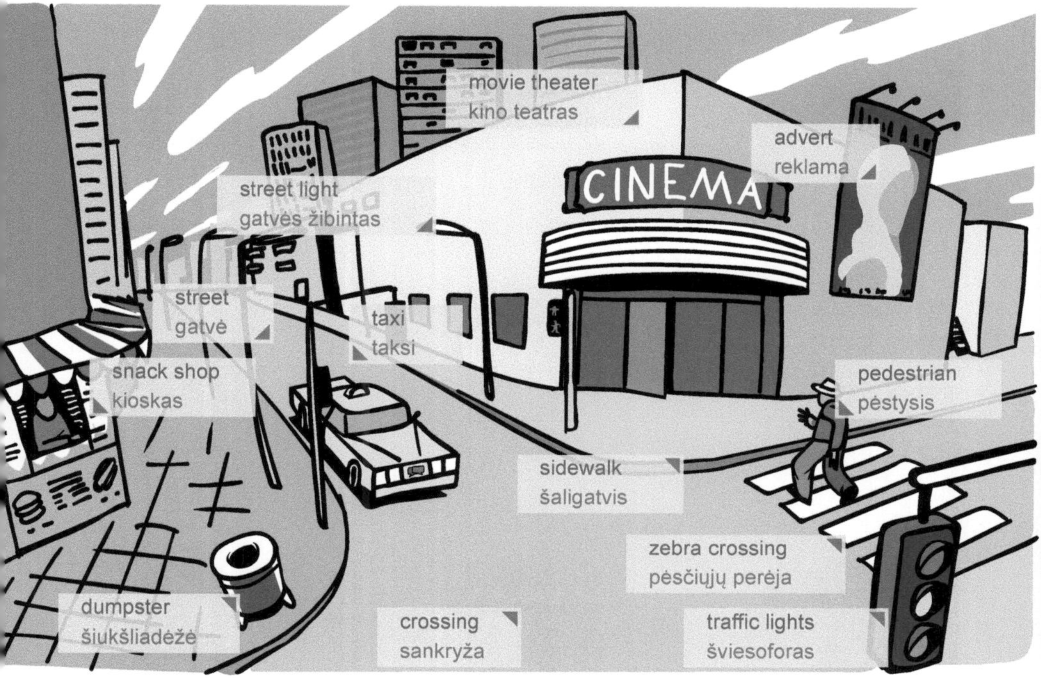

movie theater
kino teatras

advert
reklama

street light
gatvės žibintas

CINEMA

street
gatvė

taxi
taksi

snack shop
kioskas

pedestrian
pėstysis

sidewalk
šaligatvis

zebra crossing
pėsčiųjų perėja

dumpster
šiukšliadežė

crossing
sankryža

traffic lights
šviesoforas

hut

trobelė

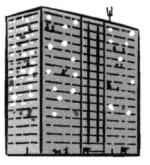

apartment

butas

train station

traukinių stotis

city hall

rotušė

museum

muziejus

school

mokykla

city - miestas

university

universitetas

bank

bankas

hospital

ligoninė

hotel

viešbutis

pharmacy

vaistinė

office

biuras

book shop

knygynas

shop

parduotuvė

flower shop

gėlių parduotuvė

supermarket

prekybos centras

market

turgus

department store

universalinė parduotuvė

fishmonger's shop

žuvies parduotuvė

mall

prekybos centras

harbor

uostas

park

parkas

bench

suoliukas

bridge

tiltas

stairs

laiptai

subway

metro

tunnel

tunelis

bus stop

autobusų stotelė

bar

baras

restaurant

restoranas

postbox

lauko pašto dėžutė

street sign

kelio ženklas

parking meter

parkomatas

zoo

zoologijos sodas

swimming pool

baseinas

mosque

mečetė

farm

ūkininko ūkis

pollution

tarša

cemetery

kapinės

church

bažnyčia

playground

žaidimų aikštelė

temple

šventykla

landscape
kraštovaizdis

signpost
kelio rodyklė

path
kelias

meadow
pieva

stone
akmuo

tree
medis

hiker
ėjikas

river
upė

grass
žolė

flower
gėlė

valley
slėnis

hill
kalva

lake
ežeras

forest
miškas

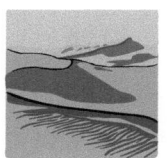

desert
dykuma

volcano
ugnikalnis

castle
pilis

rainbow
vaivorykštė

mushroom
grybas

palm tree
palmė

mosquito
uodas

fly
musė

ant
skruzdėlė

bee
bitė

spider
voras

beetle

vabalas

frog

varlė

squirrel

voverė

hedgehog

ežys

hare

kiškis

owl

pelėda

bird

paukštis

swan

gulbė

boar

šernas

deer

elnias

moose

briedis

dam

užtvanka

wind turbine

vėjo jėgainė

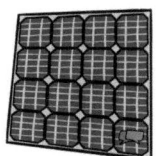

solar panel

saulės baterija

climate

klimatas

landscape - kraštovaizdis

restaurant
restoranas

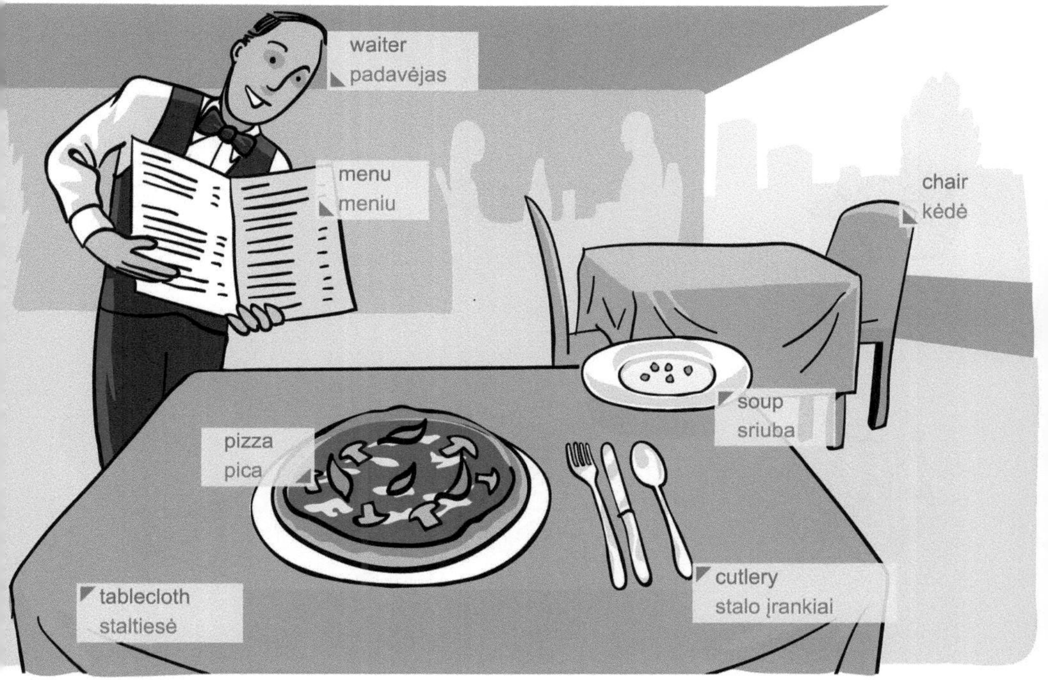
waiter
padavėjas
menu
meniu
chair
kėdė
soup
sriuba
pizza
pica
cutlery
stalo įrankiai
tablecloth
staltiesė

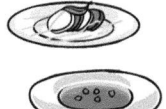

starter

užkandis

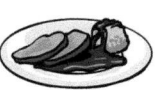

main course

pagrindinis patiekalas

dessert

desertas

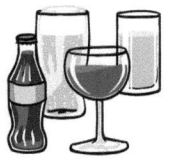

drinks

gėrimai

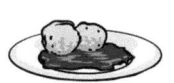

food

maistas

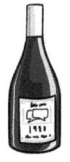

bottle

butelis

fast food

greitai pateikiamas maistas

street food

gatvės maistas

teapot

arbatinukas

sugar bowl

cukrinė

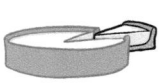

portion

porcija

espresso machine

espreso aparatas

high chair

aukšta kėdė

bill

sąskaita

tray

padėklas

knife

peilis

fork

šakutė

spoon

šaukštas

teaspoon

arbatinis šaukštelis

serviette

servetėlė

glass

stiklinė

restaurant - restoranas

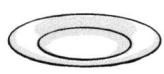

plate

lėkštė

soup plate

sriubos lėkštė

saucer

padėklas

sauce

padažas

salt shaker

druskinė

pepper mill

pipirų malūnėlis

vinegar

actas

oil

aliejus

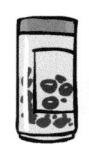

spices

prieskoniai

ketchup

kečupas

mustard

garstyčios

mayonnaise

majonezas

supermarket

prekybos centras

special offer
specialus pasiūlymas
FOR
customer
pirkėjas
dairy products
pieno produktai
fruit
vaisiai
shopping cart
troleibusas

BUTCHERS

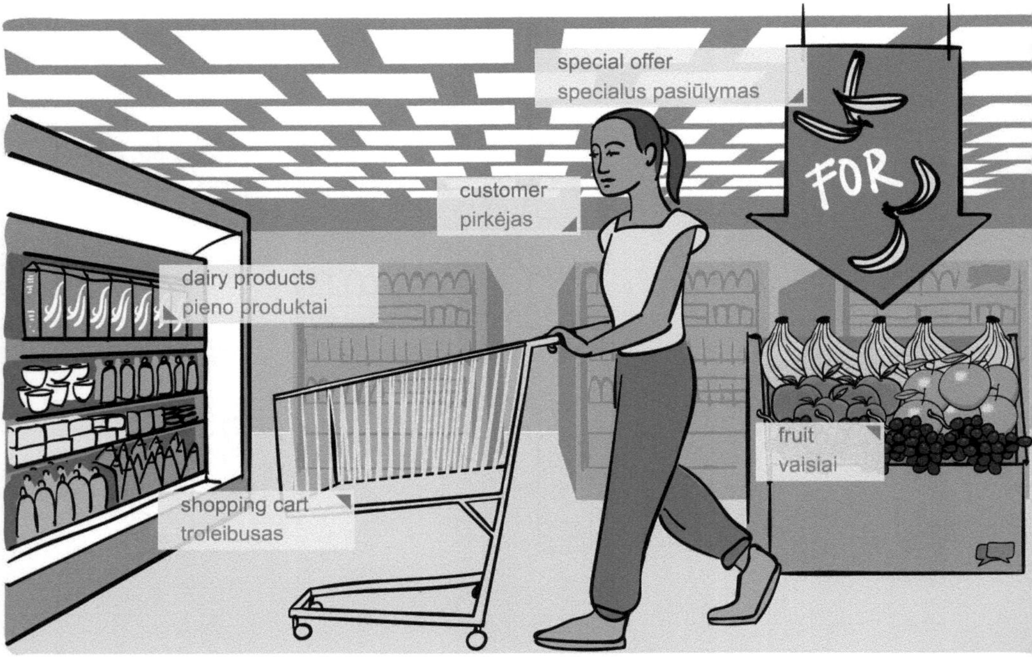

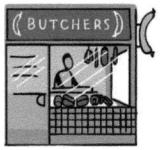

butcher's shop

mėsos parduotuvė

BAKERY

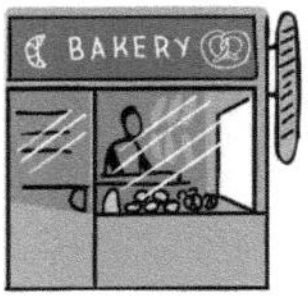

bakery

kepykla

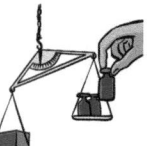

weigh

sverti

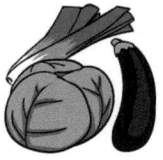

vegetables

daržovės

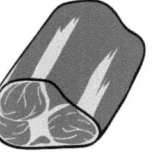

meat

mėsa

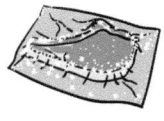

frozen food

šaldytas maistas

cold cuts

šalti mėsos užkandžiai

canned food

konservai

detergent

skalbimo milteliai

candy

saldumynai

household products

ūkinės prekės

cleaning products

valymo priemonės

sales representative

pardavėja

cash register

kasos aparatas

cashier

kasininkas

shopping list

pirkinių sąrašas

opening hours

darbo valandos

wallet

piniginė

credit card

kreditinė kortelė

bag

maišelis

plastic bag

plastikinis maišelis

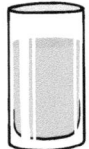

water

vanduo

juice

sultys

milk

pienas

coke

kola

wine

vynas

beer

alus

alcohol

alkoholis

cocoa

kakava

tea

arbata

coffee

kava

espresso

espresas

cappuccino

kapučinas

banana

bananas

apple

obuolys

orange

apelsinas

melon

arbūzas

lemon

citrina

carrot

morka

garlic

česnakas

bamboo

bambukas

onion

svogūnas

mushroom

grybas

nuts

riešutai

noodles

makaronai

spaghetti

spagečiai

rice

ryžiai

salad

salotos

fries

traškučiai

fried potatoes

keptos bulvės

pizza

pica

hamburger

mėsainis

sandwich

sumuštinis

escalope

pjausnys

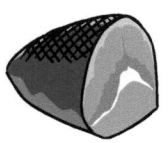

ham

kumpis

salami

saliamis

sausage

dešrelė

chicken

vištiena

roast

kepsnys

fish

žuvis

food - maistas

porridge oats

avižų dribsniai

muesli

dribsniai su priedais

cornflakes

kukurūzų dribsniai

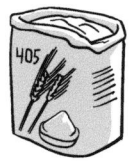

flour

miltai

croissant

prancūziškasis ragelis

bread roll

bandelė

bread

duona

toast

skrebutis

cookies

sausainiai

butter

sviestas

curd

varškė

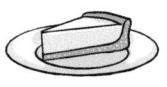

cake

tortas

egg

kiaušinis

fried egg

kiaušinienė

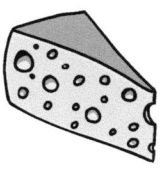

cheese

sūris

ice cream

ledai

sugar

cukrus

honey

medus

jelly

uogienė

nougat cream

tepamas šokoladas

curry

karis

farm
ūkininko ūkis

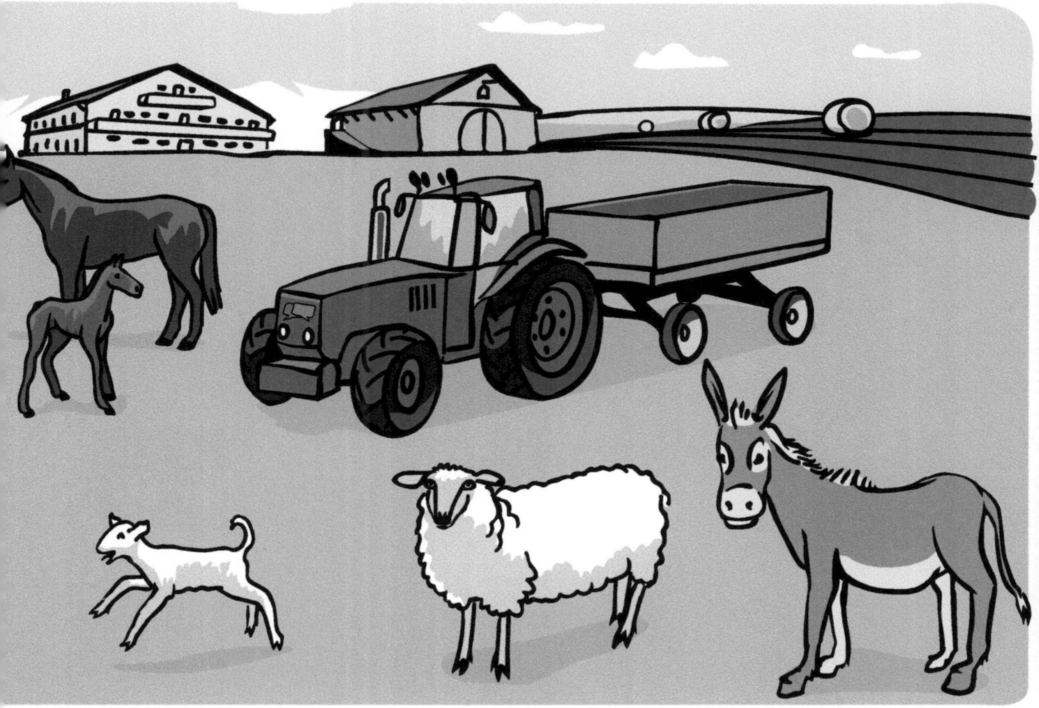

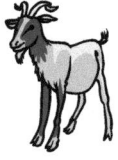

goat

ožys

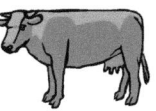

cow

karvė

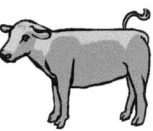

calf

veršis

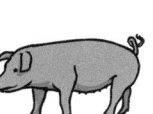

pig

kiaulė

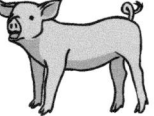

piglet

paršelis

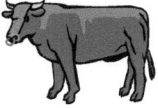

bull

bulius

goose

žąsis

duck

antis

chick

viščiukas

hen

višta

cockerel

gaidys

rat

žiurkė

cat

katė

mouse

pelė

ox

jautis

dog

šuo

dog house

šuns būda

garden hose

sodo namas

watering can

laistytuvas

scythe

dalgis

plow

plūgas

farm - ūkininko ūkis

sickle

pjautuvas

hoe

kauptukas

pitchfork

šakės

axe

kirvis

pushcart

statinė

trough

lovys

milk can

bidonas

sack

maišas

fence

tvora

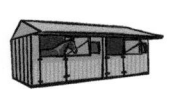

stable

arklidė

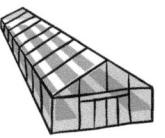

greenhouse

šiltnamis

soil

dirva

seed

sėkla

fertilizer

trąšos

combine harvester

kombainas

harvest

rinkti

harvest

derlius

yams

saldžiosios bulvės

wheat

kviečiai

soya

soja

potato

bulvė

corn

kukurūzai

rapeseed

rapsai

fruit tree

vaismedis

manioc

manijokas

grain

grūdai

house
namas

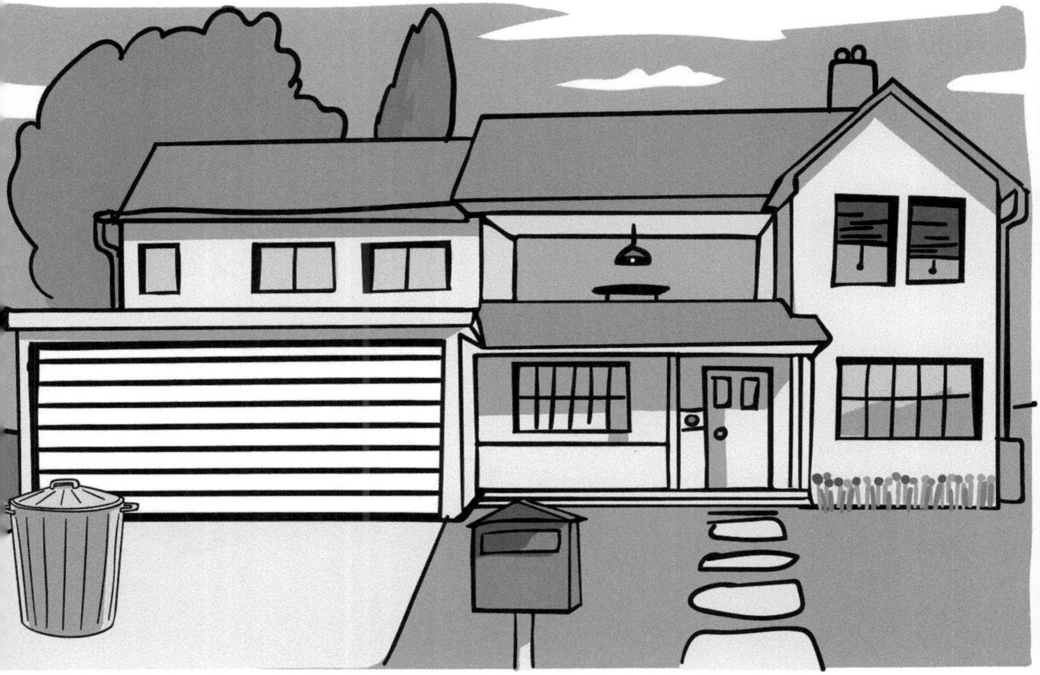

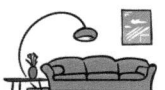

living room
svetainė

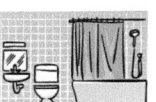

bathroom
vonios kambarys

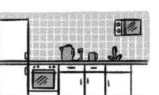

kitchen
virtuvė

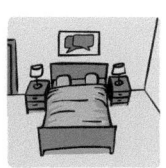

bedroom
miegamasis

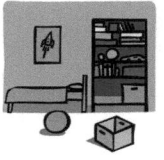

kids room
vaiko kambarys

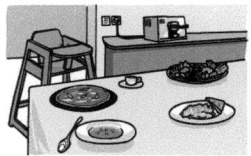

dining room
valgomasis

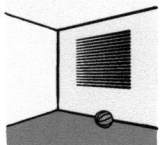	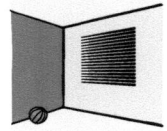	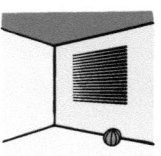
floor	wall	ceiling
grindys	siena	lubos

cellar	sauna	balcony
rūsys	sauna	balkonas

terrace	pool	lawn mower
terasa	baseinas	žoliapjovė

		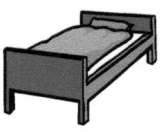
sheet	bedspread	bed
paklodė	lovatiesė	lova

broom	bucket	switch
šluota	kibiras	jungiklis

living room
svetainė

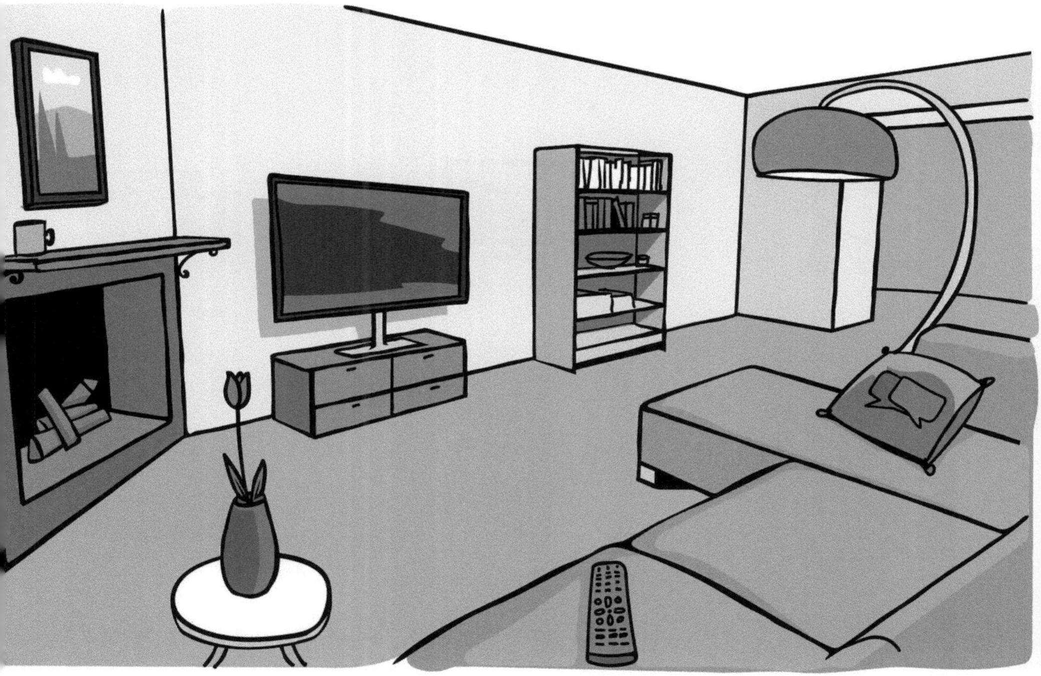

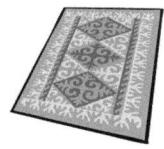

carpet

kilimas

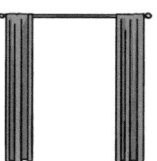

drape

užuolaida

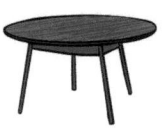

table

stalas

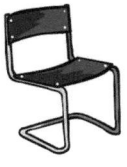

chair

kėdė

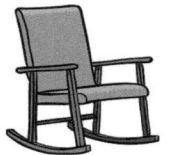

rocking chair

supamasis krėslas

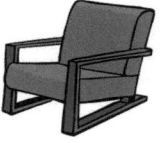

armchair

fotelis

book
knyga

blanket
antklodė

decoration
papuošimai

firewood
malkos

film
filmas

stereo system
stereo aparatūra

key
raktas

newspaper
laikraštis

painting
paveikslas

poster
plakatas

radio
radijas

notebook
užrašų knygelė

vacuum cleaner
dulkių siurblys

cactus
kaktusas

candle
žvakė

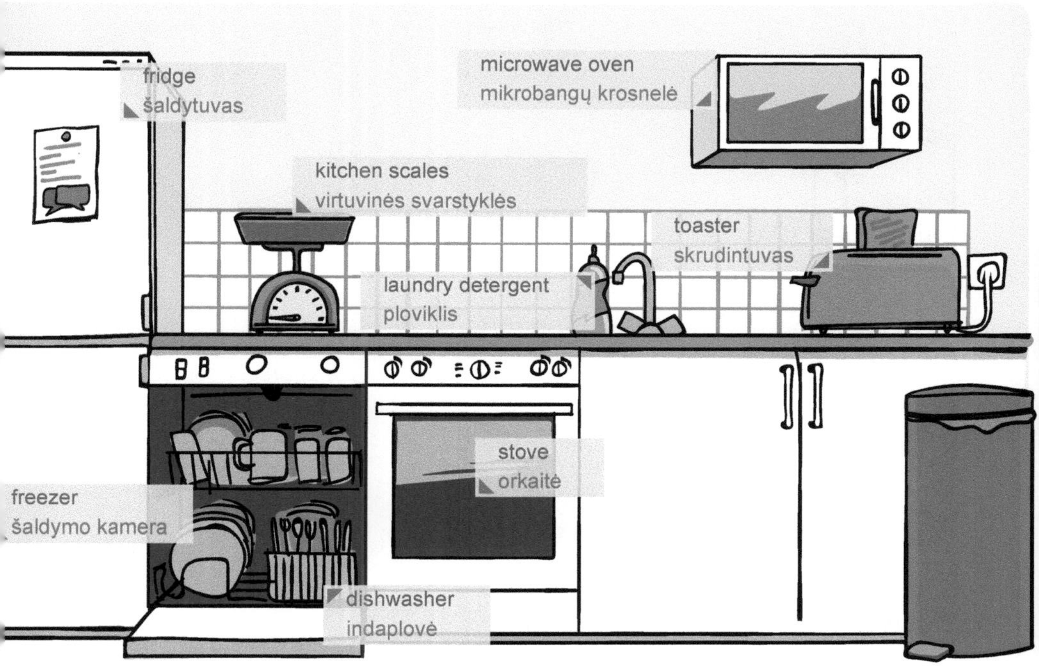

fridge
šaldytuvas

microwave oven
mikrobangų krosnelė

kitchen scales
virtuvinės svarstyklės

toaster
skrudintuvas

laundry detergent
ploviklis

stove
orkaitė

freezer
šaldymo kamera

dishwasher
indaplovė

cooker

viryklė

pot

puodas

cast-iron pot

ketaus puodas

wok / kadai

„wok" keptuvė

pan

keptuvė

kettle

virdulys

steamer

garų puodas

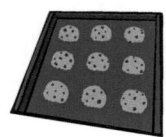

baking tray

kepimo skarda

crockery

porceliano indai

mug

puodelis

bowl

dubuo

chopsticks

valgomosios lazdelės

ladle

samtis

spatula

mentelė

whisk

plaktuvas

strainer

koštuvas

sieve

sietas

grater

trintuvė

mortar

grūstuvė

barbecue

kepsninė

fireplace

atvira liepsna

kitchen - virtuvė

chopping board
pjaustymo lentelė

rolling pin
kočėlas

corkscrew
kamščiatraukis

can
skardinė

can opener
skardinių atidarytuvas

oven cloth
puodkėlė

sink
kriauklė

brush
šepetys

sponge
kempinė

blender
trintuvas

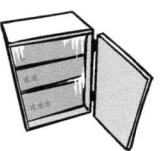

deep freezer
šaldiklis

baby bottle
kūdikių buteliukas

tap
čiaupas

kitchen - virtuvė

bathroom
vonios kambarys

heating
šildymas
towel
rankšluostis
shower
dušas
shower curtain
dušo užuolaidos
bubble bath
vonios putos
bathtub
vonia
glass
stiklinė
washing machine
skalbimo mašina
tap
čiaupas
tiles
plytelės
potty
naktinis puodukas
sink
kriauklė

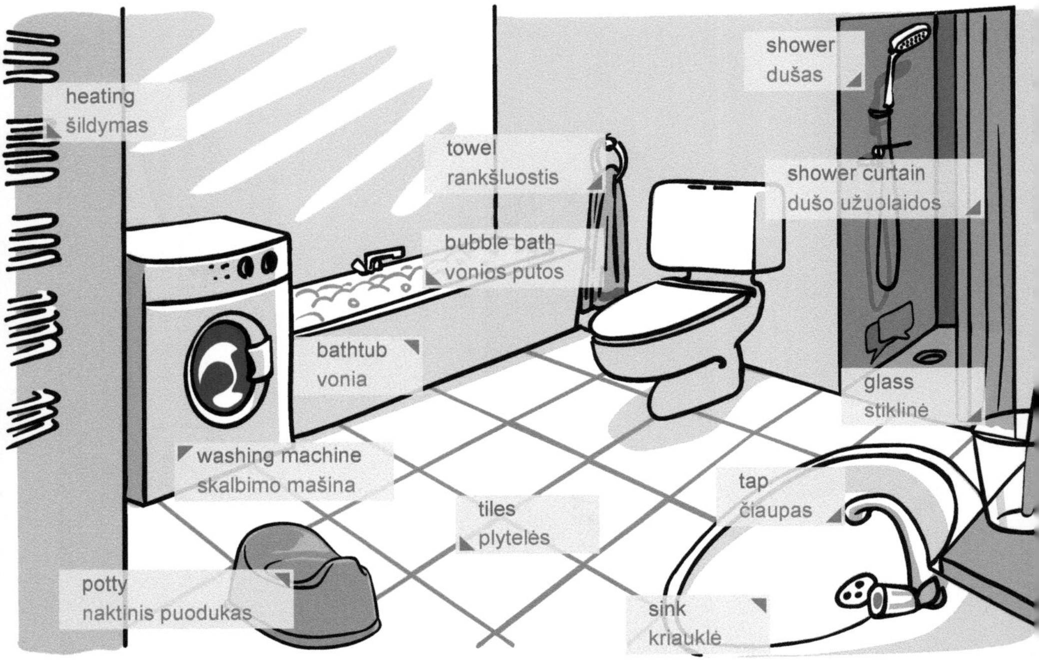

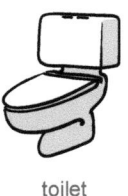

toilet

unitazas

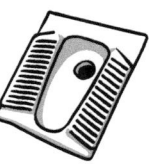

squat toilet

tupimasis unitazas

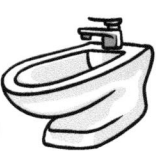

bidet

bidė

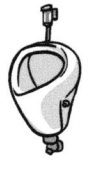

urinal

pisuaras

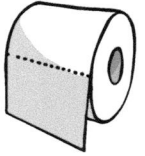

toilet paper

tualetinis popierius

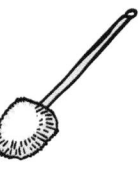

toilet brush

unitazo šepetys

toothbrush
dantų šepetėlis

toothpaste
dantų pasta

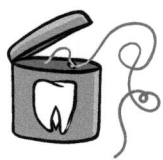

dental floss
dantų siūlas

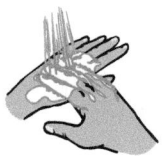

wash
plauti

hand shower
dušo galvutė

douche
higieninis dušas

basin
praustuvas

back brush
nugaros plaušinė

soap
muilas

shower gel
dušo želė

shampoo
šampūnas

flannel
plaušinė

drain
kanalizacija

creme
kremas

deodorant
dezodorantas

mirror

veidrodis

hand mirror

veidrodėlis

razor

skustuvas

shaving foam

skutimosi putos

aftershave

losjonas po skutimosi

comb

šukos

brush

šepetys

hair-dryer

plaukų džiovintuvas

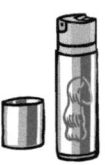

hairspray

plaukų lakas

makeup

makiažas

lipstick

lūpdažis

nail varnish

nagų lakas

cotton wool

vata

nail scissors

žirklutės nagams

perfume

kvepalai

washbag

maišelis skalbiniams

stool

taburetė

weighing scales

svarstyklės

bathrobe

chalatas

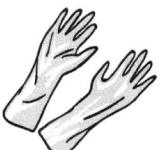

rubber gloves

guminės pirštinės

tampon

tamponas

sanitary towel

higieninis įklotas

chemical toilet

biotualetas

kids room

vaiko kambarys

alarm clock
žadintuvas
cuddly toy
pliušinis žaislas
toy car
žaislinė mašinėlė
rattle
barškutis
doll's house
lėlės namelis
present
dovana

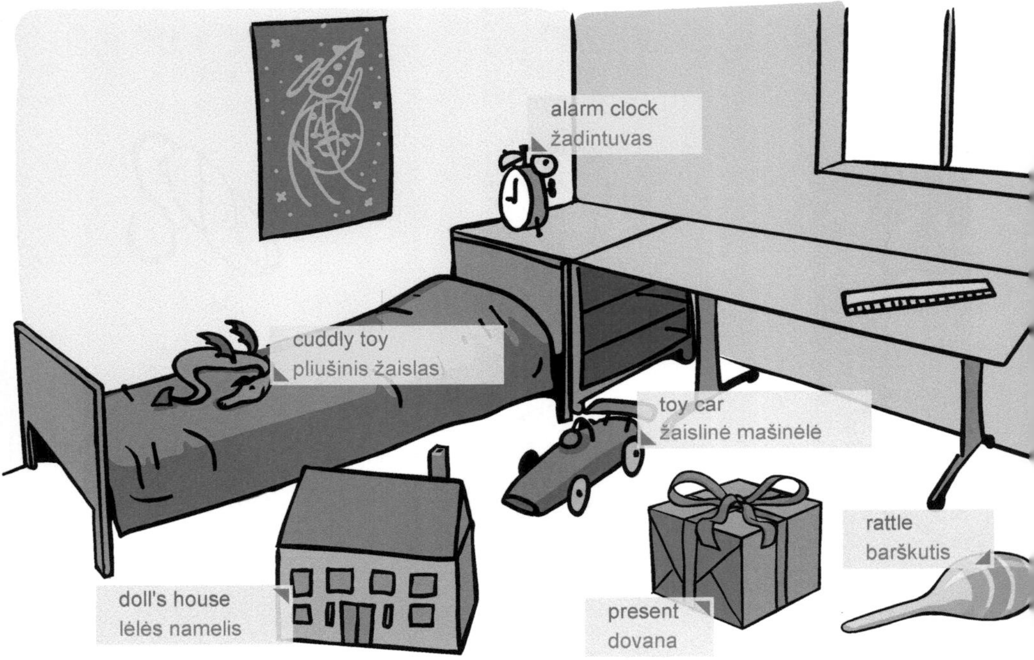

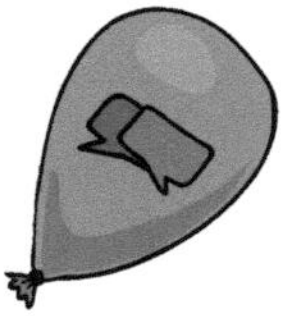

balloon

balionas

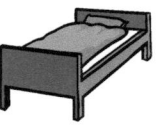

bed

lova

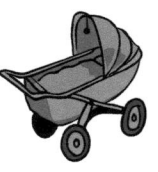

stroller

vaikiškas vežimėlis

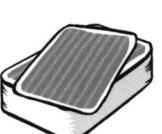

deck of cards

kortų malka

jigsaw

delionė

SUPER
MEGA

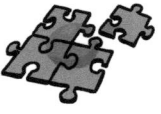

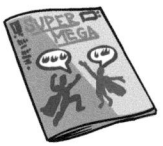

comic

komiksai

lego bricks
lego kaladėlės

toy blocks
žaislinės kaladėlės

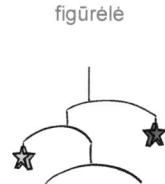

action figure
figūrėlė

romper suit
šliaužtinukai

frisbee
mėtymo lėkštė

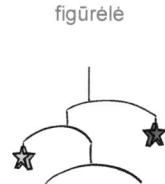

mobile
karuselė

board game
stalo žaidimas

dice
kauliukai

model train set
žaislinis traukinys

pacifier
žindukas

party
vakarėlis

picture book
paveiksliukų knygelė

ball
kamuolys

doll
lėlė

play
žaisti

sandpit

smėlio dėžė

swing

sūpynės

toys

žaislai

video game console

žaidimų konsolė

tricycle

triratukas

teddy bear

meškiukas

wardrobe

drabužių spinta

clothing
drabužis

socks

kojinės

stockings

kojinės virš kelių

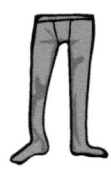

tights

pėdkelnės

scarf
šalikas

belt
diržas

umbrella
skėtis

t-shirt
marškinėliai

boots
ilgaauliai batai

slippers
šlepetės

sneakers
sportbačiai

sandals	shoes	rubber boots
sandalai	batai	guminiai batai

underwear	bra	undershirt
trumpikės	liemenėlė	liemenė

clothing - drabužis   45

body

glaustinukė

pants

kelnės

jeans

džinsai

skirt

sijonas

blouse

palaidinė

shirt

marškiniai

pullover

megztinis

sweater

megztinis su gobtuvu

blazer

švarkelis

jacket

švarkas

coat

paltas

raincoat

lietpaltis

costume

kostiumas

dress

suknelė

wedding dress

vestuvinė suknelė

suit
kostiumas

nightgown
naktiniai marškiniai

pajamas
pižama

sari
saris

headscarf
skarelė

turban
tiurbanas

burka
burka

kaftan
kaftanas

abaya
abaja

swimsuit
maudymosi kostiumėlis

trunks
glaudės

shorts
šortai

tracksuit
sportinis kostiumas

apron
prijuostė

gloves
pirštinės

button

saga

glasses

akiniai

bracelet

apyrankė

necklace

vėrinys

ring

žiedas

earring

auskaras

cap

kepurė

coat hanger

pakabas

hat

skrybėlė

tie

kaklaraištis

zip

užtrauktukas

helmet

šalmas

braces

breketai

school uniform

mokyklinė uniforma

uniform

uniforma

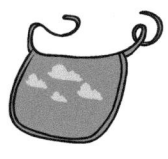

bib
seilinukas

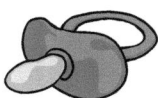

pacifier
žindukas

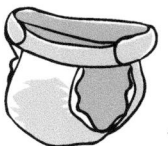

diaper
vystyklai

office
biuras

server
serveris
filing cabinet
dokumentų spinta
paper
popierius
printer
spausdintuvas
monitor
vaizduoklis
mouse
pelė
desk
rašomasis stalas
folder
aplankas
keyboard
klaviatūra
waste-paper basket
šiukšliadėžė
computer
kompiuteris
chair
kėdė

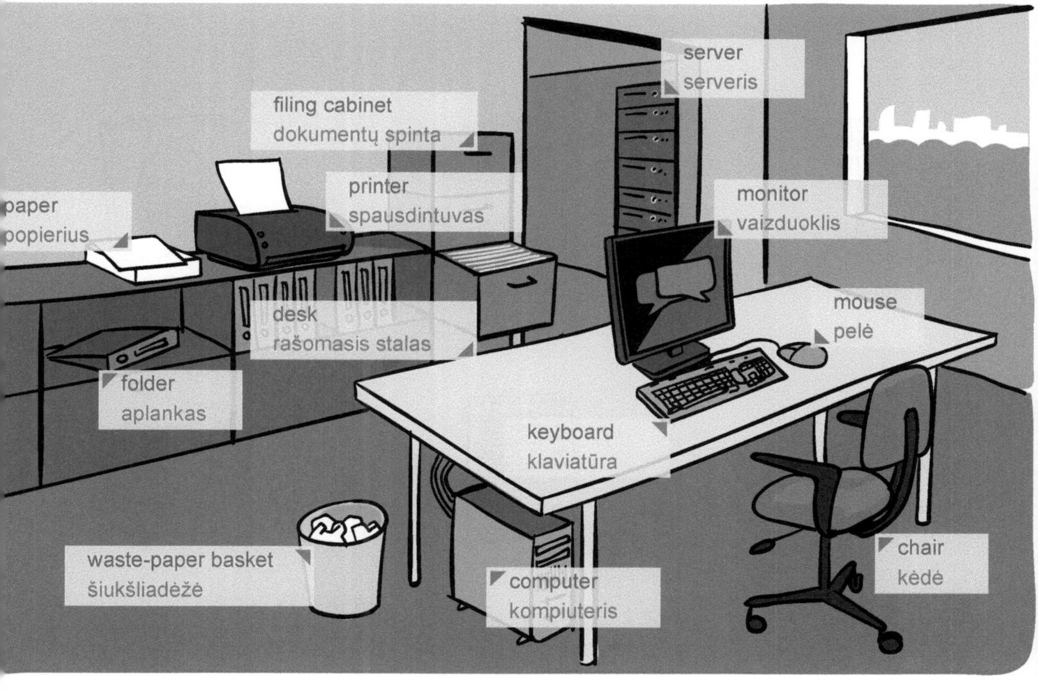

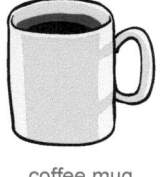

coffee mug
kavos puodelis

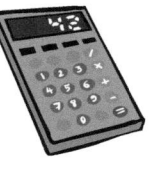

calculator
kalkuliatorius

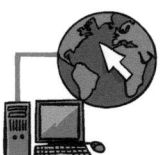

internet
internetas

laptop

nešiojamasis kompiuteris

letter

laiškas

message

žinutė

cell phone

mobilusis telefonas

network

tinklas

photocopier

fotokopijavimo aparatas

software

programinė įranga

telephone

telefonas

plug socket

kištukinis lizdas

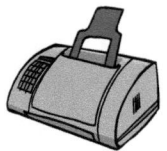

fax machine

faksas

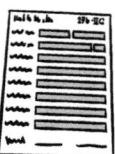

form

forma

document

dokumentas

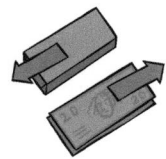

buy

pirkti

pay

mokėti

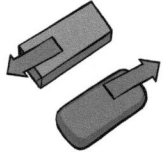

trade

prekiauti

money

pinigai

 USD

dollar

doleris

 EUR

euro

euras

 JPY

yen

jena

 RUB

rouble

rublis

 CHF

Swiss franc

Šveicarijos frankas

 CNY

renminbi yuan

juanis

 INR

rupee

rupija

cash point

bankomatas

currency exchange office

valiutos keitykla

gold

auksas

silver

sidabras

oil

nafta

energy

energija

price

kaina

contract

sutartis

tax

mokestis

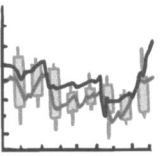

stock

akcijos

work

dirbti

employee

darbuotojas

employer

darbdavys

factory

gamykla

shop

parduotuvė

occupations
profesijos

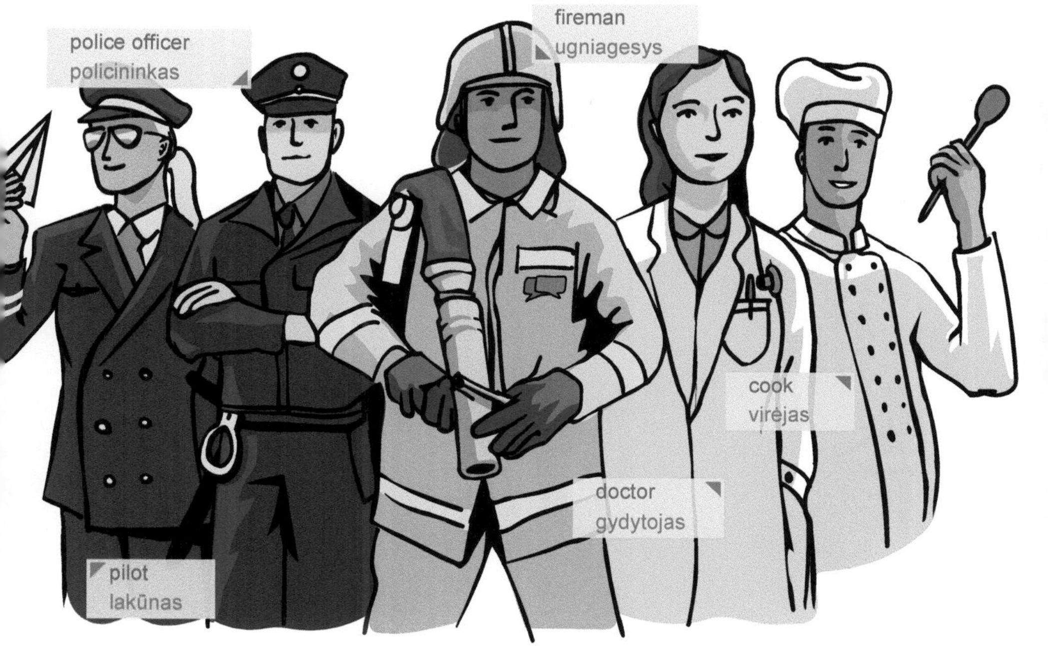
police officer
policininkas
fireman
ugniagesys
cook
virėjas
doctor
gydytojas
pilot
lakūnas

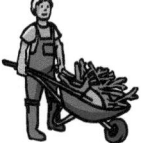

gardener
sodininkas

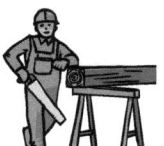

carpenter
stalius

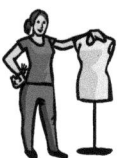

seamstress
siuvėja

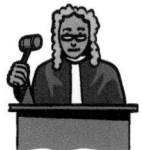

judge
teisėjas

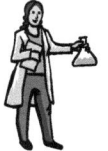

chemist
chemikas

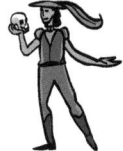

actor
aktorius

bus driver

autobuso vairuotojas

taxi driver

taksi vairuotojas

fisherman

žvejys

cleaning lady

valytoja

roofer

stogdengys

waiter

padavėjas

hunter

medžiotojas

painter

dailininkas

baker

kepėjas

electrician

elektrikas

builder

statybininkas

engineer

inžinierius

butcher

mėsininkas

plumber

santechnikas

postman

paštininkas

occupations - profesijos

soldier
kareivis

architect
architektas

cashier
kasininkas

florist
gėlininkas

hairdresser
kirpėjas

conductor
konduktorius

mechanic
mechanikas

captain
kapitonas

dentist
odontologas

scientist
mokslininkas

rabbi
rabinas

imam
imamas

monk
vienuolis

pastor
kunigas

tools
įrankiai

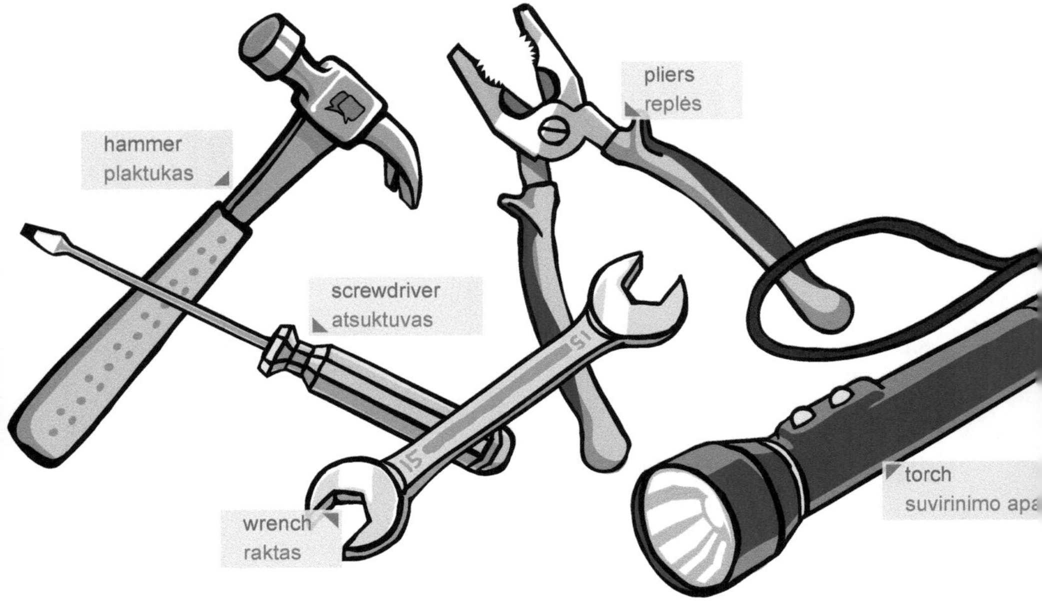
hammer
plaktukas
pliers
replės
screwdriver
atsuktuvas
wrench
raktas
torch
suvirinimo ap

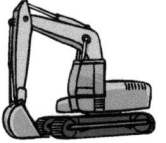

excavator

ekskavatorius

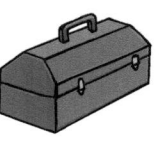

toolbox

įrankių dėžė

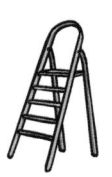

ladder

kopėčios

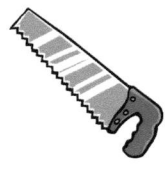

saw

pjūklas

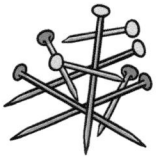

nails

vinys

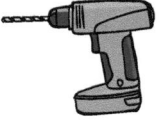

drill

grąžtas

repair
....
taisyti

shovel
....
kastuvas

Damn!
....
Velniava!

dustpan
....
semtuvėlis

paint can
....
dažų skardinė

screws
....
varžtai

musical instruments
muzikos instrumentai

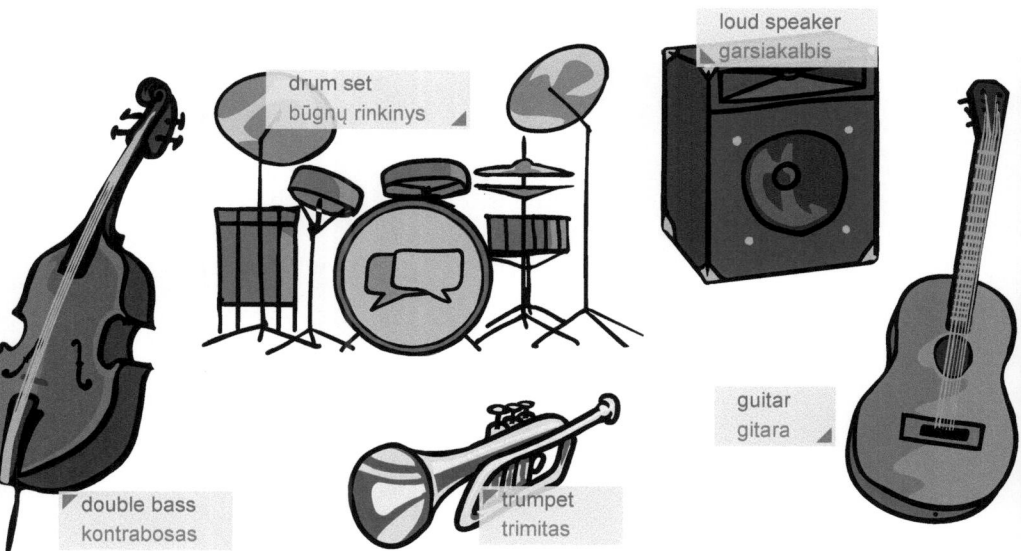

loud speaker
garsiakalbis

drum set
būgnų rinkinys

guitar
gitara

double bass
kontrabosas

trumpet
trimitas

piano

pianinas

violin

smuikas

bass

bosinė gitara

timpani

timpanas

drums

būgnai

keyboard

sintezatorius

saxophone

saksofonas

flute

fleita

microphone

mikrofonas

zoologijos sodas

entrance
įėjimas

tiger
tigras

cage
narvas

zebra
zebras

animal feed
gyvūnų pašaras

panda
panda

animals
gyvūnai

elephant
dramblys

kangaroo
kengūra

rhino
raganosis

gorilla
gorila

bear
meška

camel

kupranugaris

ostrich

strutis

lion

liūtas

monkey

beždžionė

flamingo

flamingas

parrot

papūga

polar bear

baltoji meška

penguin

pingvinas

shark

ryklys

peacock

povas

snake

gyvatė

crocodile

krokodilas

zookeeper

zoologijos sodo prižiūrėtojas

seal

ruonis

jaguar

jaguaras

zoo - zoologijos sodas

pony

ponis

leopard

leopardas

hippo

begemotas

giraffe

žirafa

eagle

erelis

boar

šernas

fish

žuvis

turtle

vėžlys

walrus

vėplys

fox

lapė

gazelle

gazelė

American football
amerikietiškas futbolas

cycling
dviračių sportas

tennis
tenisas

basketball
krepšinis

swimming
plaukimas

boxing
boksas

ice hockey
ledo ritulys

soccer
futbolas

badminton
badmintonas

athletics
atletika

handball
rankinis

skiing
slidinėjimas

polo
polas

jump / šokinėti

laugh / juoktis

hug / apkabinti

walk / vaikščioti

sing / dainuoti

dream / svajoti

pray / melstis

kiss / bučiuoti

write	draw	show
rašyti	piešti	rodyti

push	give	take
stumti	duoti	imti

have
turėti

do
daryti

be
būti

stand
stovėti

run
bėgti

pull
traukti

throw
mesti

fall
kristi

lie
meluoti

wait
laukti

carry
nešti

sit
sėdėti

get dressed
rengtis

sleep
miegoti

wake up
pabusti

look at

žiūrėti

cry

verkti

stroke

glostyti

comb

šukuoti

talk

kalbėti

understand

suprasti

ask

paklausti

listen

klausytis

drink

gerti

eat

valgyti

tidy up

tvarkytis

love

mylėti

cook

gaminti

drive

vairuoti

fly

skristi

sail

buriuoti

calculate

skaičiuoti

read

skaityti

learn

mokytis

work

dirbti

marry

vesti

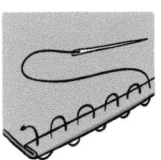

sew

siūti

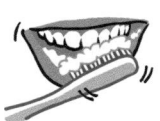

brush teeth

valytis dantis

kill

žudyti

smoke

rūkyti

send

siųsti

grandmother
senelė

baby
kūdikis

mother
motina

grandfather
senelis

father
tėvas

daughter
dukra

son
sūnus

guest

svečias

aunt

teta

uncle

dėdė

brother

brolis

sister

sesuo

kūnas

forehead
kakta

eye
akis

shoulder
petys

finger
pirštas

face
veidas

chin
smakras

hand
plaštaka

breast
krūtinė

leg
koja

arm
ranka

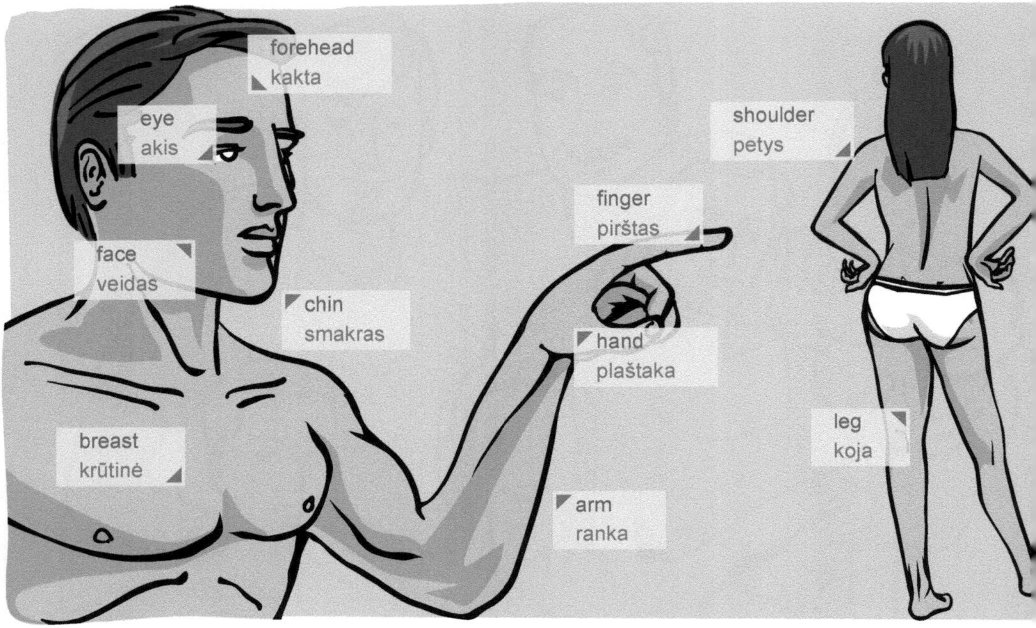

baby

kūdikis

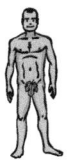

man

vyras

woman

moteris

girl

mergaitė

boy

berniukas

head

galva

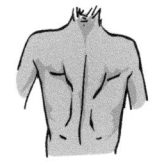

back
nugara

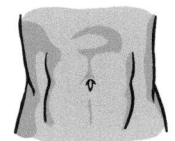

belly
pilvas

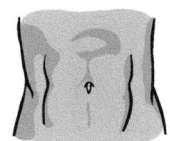

navel
bamba

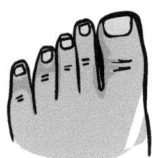

toe
kojos pirštas

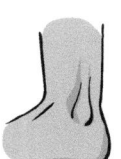

heel
kulnas

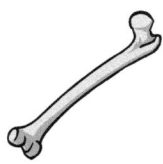

bone
kaulas

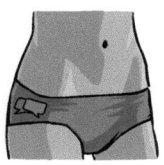

hip
klubas

knee
kelis

elbow
alkūnė

nose
nosis

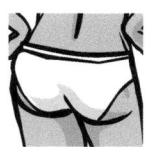

buttocks
sėdmenys

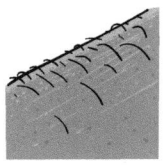

skin
oda

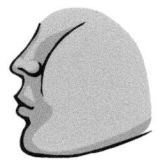

cheek
skruostas

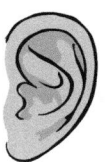

ear
ausis

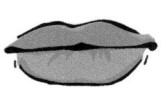

lip
lūpa

mouth

burna

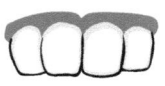

tooth

dantis

tongue

liežuvis

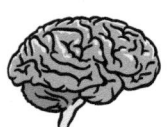

brain

smegenys

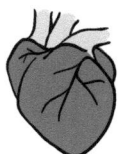

heart

širdis

muscle

raumuo

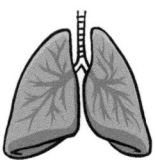

lung

plaučiai

liver

kepenys

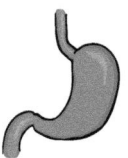

stomach

skrandis

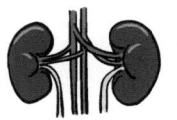

kidneys

inkstai

sex

seksas

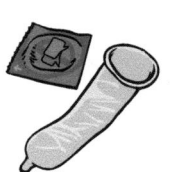

condom

prezervatyvas

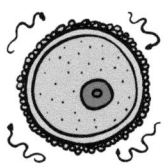

ovum

kiaušialąstė

semen

sperma

pregnancy

nėštumas

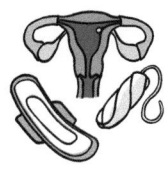

menstruation
menstruacijos

vagina
makštis

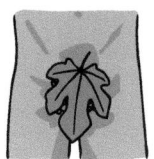

penis
varpa

eyebrow
antakis

hair
plaukai

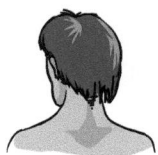

neck
kaklas

hospital
ligoninė

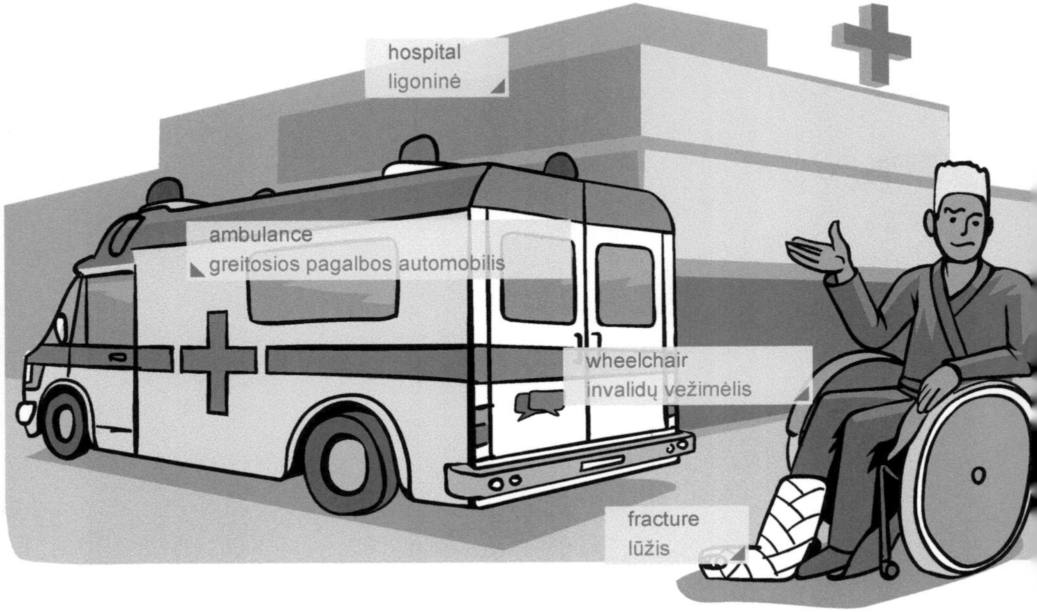

hospital
ligoninė
ambulance
greitosios pagalbos automobilis
wheelchair
invalidų vežimėlis
fracture
lūžis

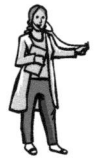

doctor

gydytojas

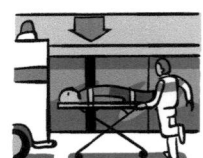

emergency room

skubios pagalbos skyrius

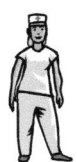

nurse

slaugytoja

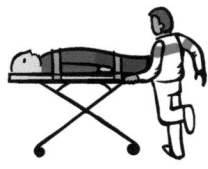

emergency

nelaimingas atsitikimas

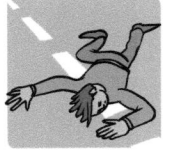

unconscious

be sąmonės

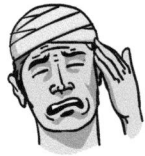

pain

skausmas

injury

sužalojimas

bleeding

kraujavimas

heart attack

širdies smūgis

stroke

insultas

allergy

alergija

cough

kosulys

fever

karščiavimas

flu

gripas

diarrhea

viduriavimas

headache

galvos skausmas

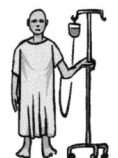

cancer

vėžys

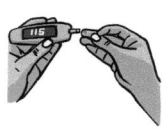

diabetes

diabetas

surgeon

chirurgas

scalpel

skalpelis

operation

operacija

hospital - ligoninė

CT

KT

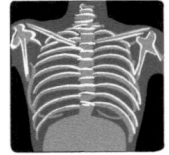

x-ray

rentgenas

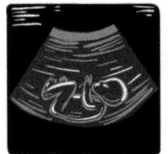

ultrasound

ultragarsas

face mask

veido kaukė

disease

liga

waiting room

laukiamasis

crutch

ramentas

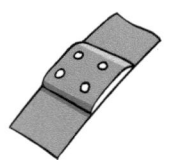

plaster

gipsas

bandage

tvarstis

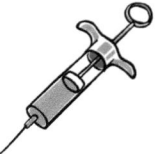

injection

injekcija

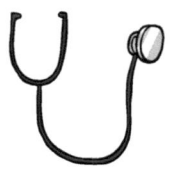

stethoscope

stetoskopas

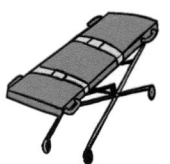

stretcher

neštuvai

clinical thermometer

termometras

birth

gimimas

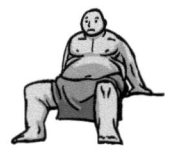

overweight

antsvoris

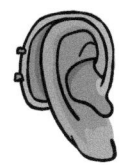

hearing aid

klausos aparatas

disinfectant

dezinfekavimo priemonė

infection

infekcija

virus

virusas

HIV / AIDS

ŽIV / AIDS

medicine

vaistas

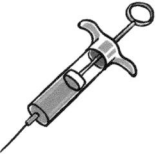

vaccination

skiepijimas

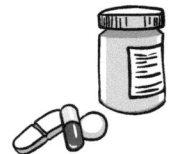

tablets

tabletės

pill

piliulė

emergency call

kubios pagalbos numeris

blood pressure monitor

kraujospūdžio matuoklis

ill / healthy

ligotas / sveikas

Help!

Padėkite!

alarm

pavojaus signalas

assault

užpuolimas

attack

ataka

danger

pavojus

emergency exit

avarinis išėjimas

Fire!

Gaisras!

fire extinguisher

gesintuvas

accident

nelaimingas atsitikimas

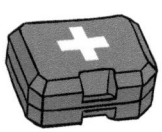

first-aid kit

pirmosios pagalbos rinkinys

SOS

SOS

police

policija

Europe

Europa

North America

Šiaurės Amerika

South America

Pietų Amerika

Africa

Afrika

Asia

Azija

Australia

Australija

Atlantic

Atlanto vandenynas

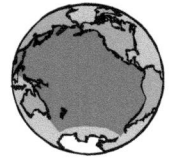

Pacific

Ramusis vandenynas

Indian Ocean

Indijos vandenynas

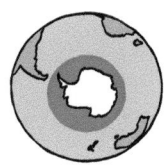

Antarctic Ocean

Pietų vandenynas

Arctic Ocean

Arkties vandenynas

North pole

Šiaurės ašigalis

South pole
Pietų ašigalis

Antarctica
Antarktida

earth
Žemė

land
sausuma

sea
jūra

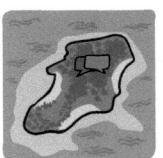

island
sala

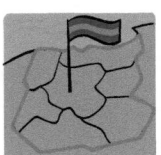

nation
tauta

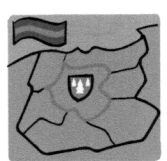

state
valstybė

clock face

ciferblatas

hour hand

valandinė rodyklė

minute hand

minutinė rodyklė

second hand

sekundinė rodyklė

What time is it?

Kiek valandų?

day

diena

time

laikas

now

dabar

digital watch

skaitmeninis laikrodis

minute

minutė

hour

valanda

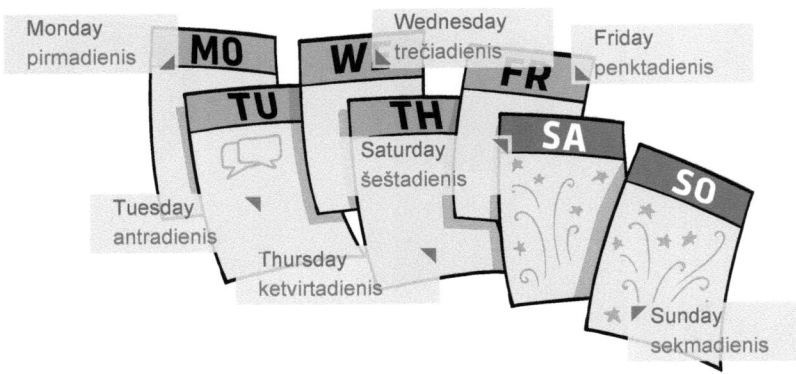

Monday
pirmadienis

Wednesday
trečiadienis

Friday
penktadienis

Tuesday
antradienis

Saturday
šeštadienis

Thursday
ketvirtadienis

Sunday
sekmadienis

yesterday

vakar

today

šiandien

tomorrow

rytoj

morning

rytas

noon

vidurdienis

evening

vakaras

workdays

darbo dienos

weekend

savaitgalis

year

metai

rain
lietus
snow
sniegas
wind
vėjas
spring
pavasaris
fall
ruduo
summer
vasara
winter
žiema

4.APRIL 11°
5.APRIL 4°
6.APRIL 13°
7.APRIL 8°
8.APRIL 10°

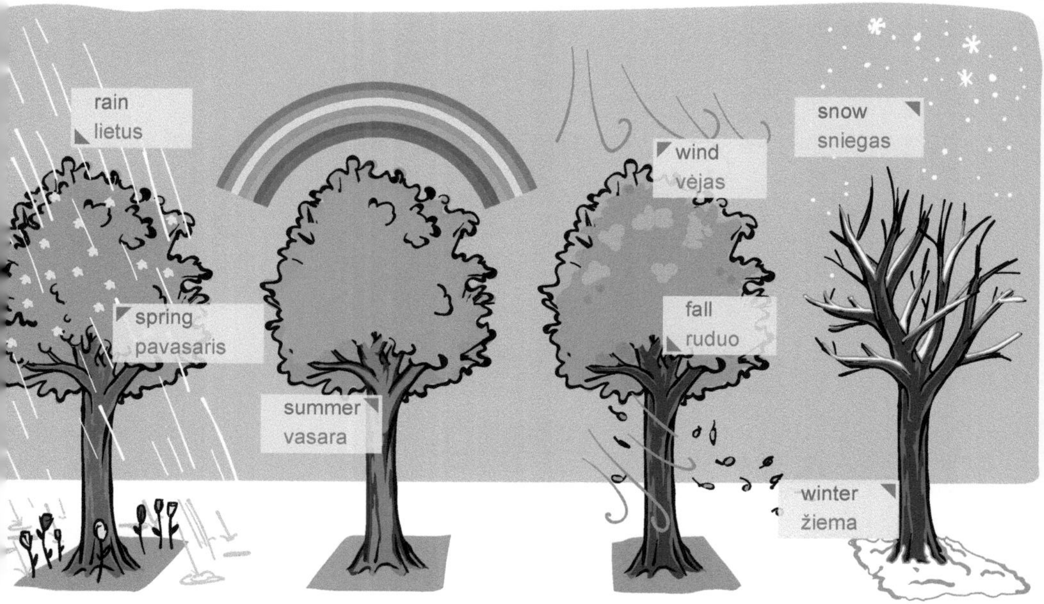

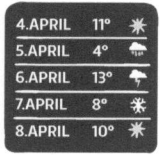

weather forecast

orų prognozė

F
C
120
90
60
30
0
-30
40
30
20
10
0
-10
-20

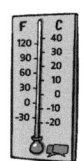

thermometer

lauko termometras

sunshine

saulės šviesa

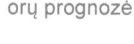

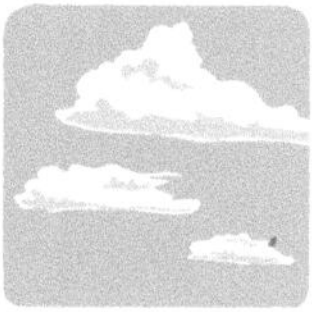

cloud

debesis

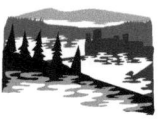

fog

rūkas

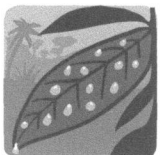

humidity

drėgmė

lightning

žaibas

thunder

griaustinis

storm

audra

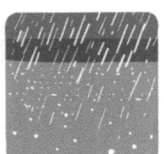

hail

kruša

monsoon

musonas

flood

potvynis

ice

ledas

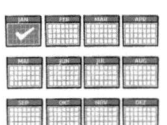

January

sausis

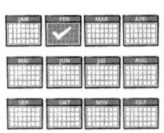

February

vasaris

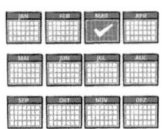

March

kovas

April

balandis

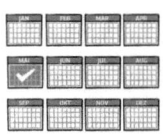

May

gegužė

June

birželis

July

liepa

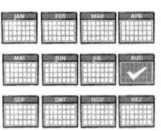

August

rugpjūtis

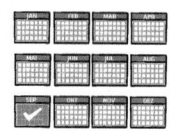

September
rugsėjis

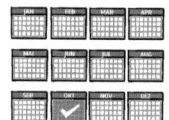

October
spalis

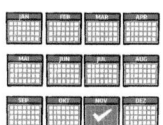

November
lapkritis

December
gruodis

circle
apskritimas

square
kvadratas

rectangle
stačiakampis

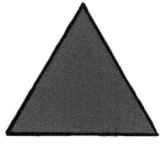

triangle
trikampis

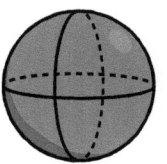

sphere
sfera

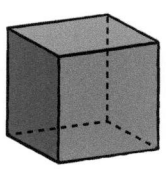

cube
kubas

white
....
balta

yellow
....
geltona

orange
....
oranžinė

pink
....
rožinė

red
....
raudona

purple
....
violetinė

blue
....
mėlyna

green
....
žalia

brown
....
ruda

gray
....
pilka

black
....
juoda

a lot / a little

daug / mažai

angry / calm

piktas / ramus

beautiful / ugly

gražus / bjaurus

beginning / end

pradžia / pabaiga

big / small

didelis / mažas

bright / dark

šviesus / tamsus

brother / sister

brolis / sesuo

clean / dirty

švarus / purvinas

complete / incomplete

užbaigtas / neužbaigtas

day / night

diena / naktis

dead / alive

miręs / gyvas

wide / narrow

platus / siauras

edible / inedible

valgomas / nevalgomas

evil / kind

piktas / malonus

excited / bored

linksmas / nuobodus

fat / thin

storas / plonas

first / last

pirmiausia / paskiausia

friend / enemy

draugas / priešas

full / empty

pilnas / tuščias

hard / soft

kietas / minkštas

heavy / light

sunkus / lengvas

hunger / thirst

alkis / troškulys

ill / healthy

ligotas / sveikas

illegal / legal

nelegalus / legalus

intelligent / stupid

protingas / kvailas

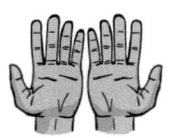

left / right

kairė / dešinė

near / far

arti / toli

new / used

naujas / naudotas

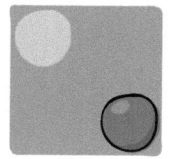

nothing / something

niekas / kažkas

old / young

senas / jaunas

on / off

įjungta / išjungta

open / closed

atidaryta / uždaryta

quiet / loud

tylus / garsus

rich / poor

turtingas / vargšas

right / wrong

teisus / neteisus

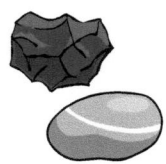

rough / smooth

šiurkštus / švelnus

sad / happy

liūdnas / laimingas

short / long

trumpas / ilgas

slow / fast

lėtas / greitas

wet / dry

drėgnas / sausas

warm / cool

šiltas / šaltas

war / peace

karas / taika

skaičiai

0	**1**	**2**
zero	one	two
nulis	vienas	du
3	**4**	**5**
three	four	five
trys	keturi	penki
6	**7**	**8**
six	seven	eight
šeši	septyni	aštuoni
9	**10**	**11**
nine	ten	eleven
devyni	dešimt	vienuolika

12

twelve

dvylika

13

thirteen

trylika

14

fourteen

keturiolika

15

fifteen

penkiolika

16

sixteen

šešiolika

17

seventeen

septyniolika

18

eighteen

aštuoniolika

19

nineteen

devyniolika

20

twenty

dvidešimt

100

hundred

šimtas

1.000

thousand

tūkstantis

1.000.000

million

milijonas

numbers - skaičiai

English
anglų

American English
amerikiečių anglų

Chinese Mandarin
kinų (mandarinų)

Hindi
hindi

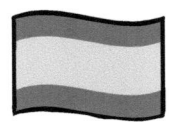

Spanish
ispanų

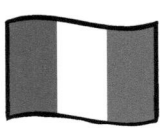

French
prancūzų

Arabic
arabų

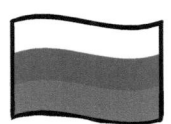

Russian
rusų

Portuguese
portugalų

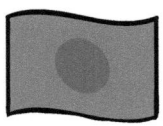

Bengali
bengalų

German
vokiečių

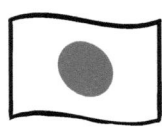

Japanese
japonų

I

aš

you

tu

he / she / it

jis / ji

we

mes

you

jūs

they

jie

who?

kas?

what?

ką?

how?

kaip?

where?

kur?

when?

kada?

name

vardas

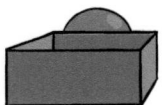

behind

už

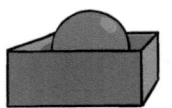

in

kur (vieta)

in front of

priešais

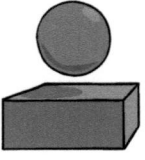

over

virš

on

ant

under

po

beside

prie

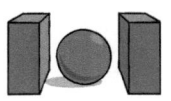

between

tarp

place

vieta